De

Para

2008 Editora Fundamento Educacional Ltda.

Editor e edição de texto: Editora Fundamento
Imagens: IT Stock e Creatas
Capa e editoração eletrônica: Commcepta Design
Fotolito e impressão: Sociedade Vicente Pallotti

Dados Internacionais de Catalogação na Publicação (CIP)
(Câmara Brasileira do Livro, SP, Brasil)

Oliveira, Carla
    Para um amor de mãe / Carla Oliveira. – São Paulo - SP : Editora Fundamento Educacional, 2008.

    1. Mãe - Citações, máximas etc. 2. Mães - Psicologia 3. Mães e filhos I. Título

04-7706   CDD-158.24

Índices para catálogo sistemático:
    1. Filhos e mães : Relacionamento : Psicologia aplicada 158.24
    2. Mães e filhos : Relacionamento : Psicologia aplicada 158.24

Fundação Biblioteca Nacional

Depósito legal na Biblioteca Nacional, conforme Decreto n.º 1.825, de dezembro de 1907.
Todos os direitos reservados no Brasil por Editora Fundamento Educacional Ltda.

Impresso no Brasil

Telefone: (41) 3015 9700
E-mail: info@editorafundamento.com.br
Site: www.editorafundamento.com.br

CARLA OLIVEIRA

Para um amor de Mãe

Editora Fundamento

*Com você, mãe,
posso dividir aqueles*

segredos

que moram em meu coração.

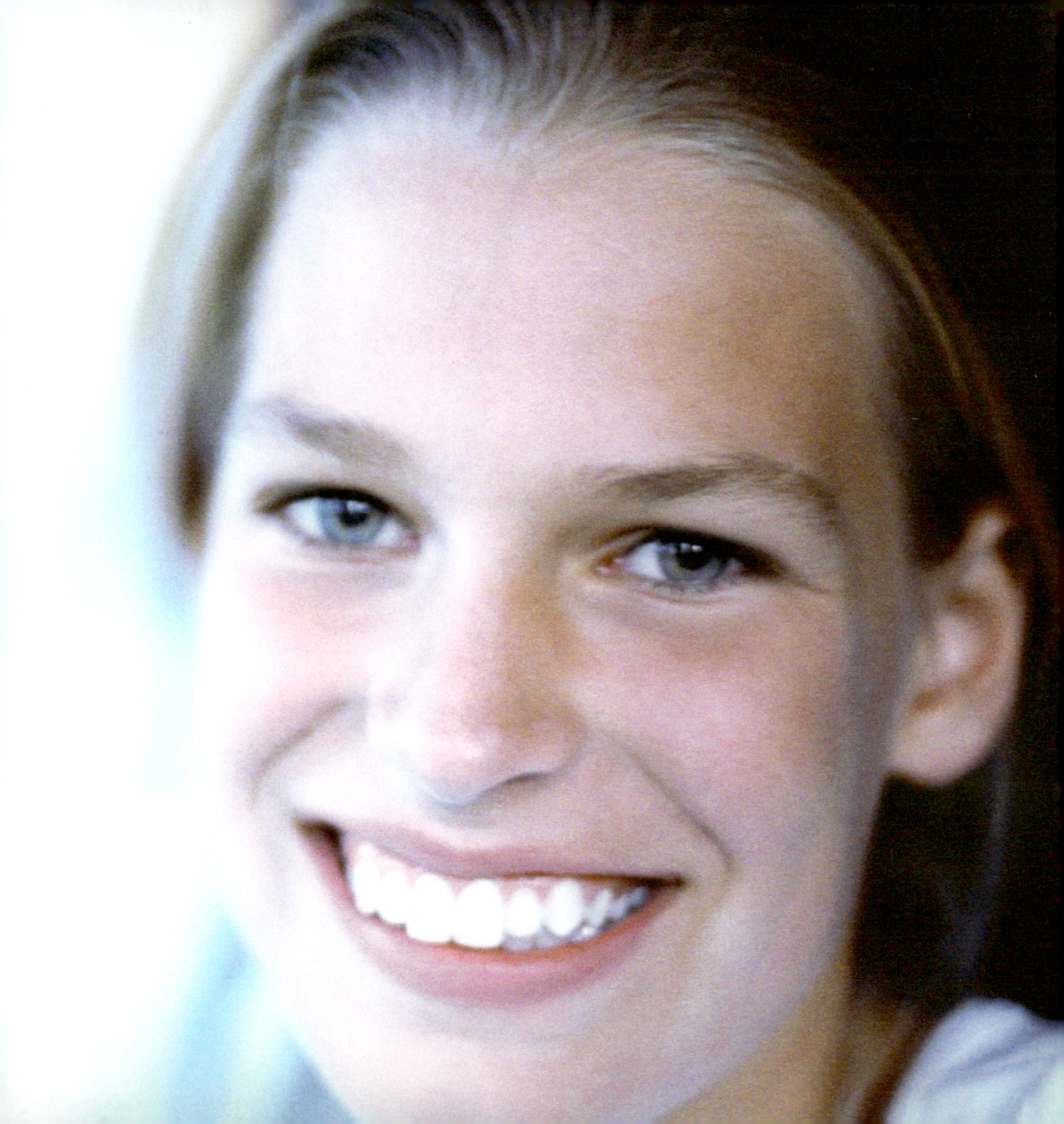

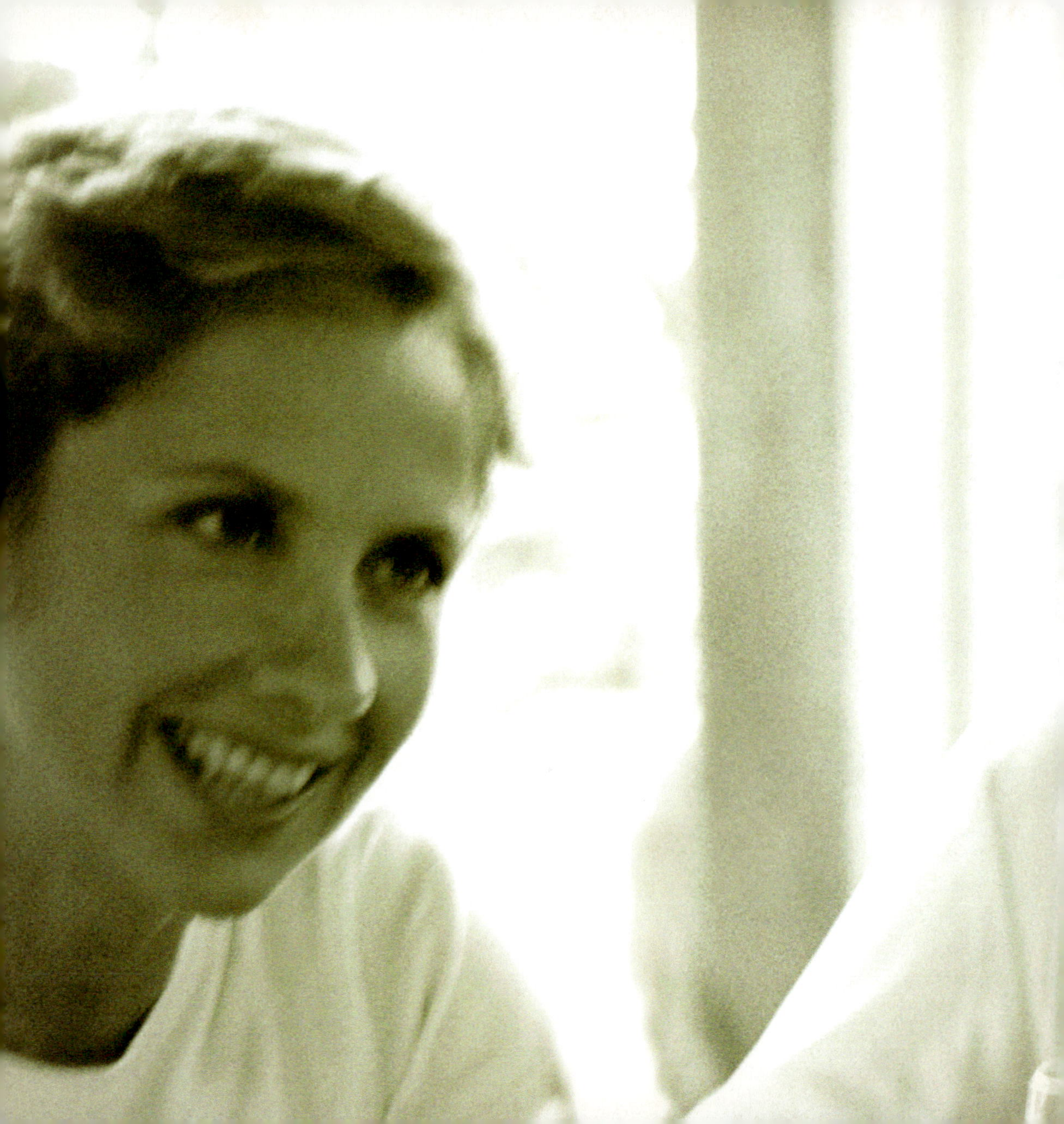

E fico muito feliz quando partilhamos de

momentos especiais

juntos.

Às vezes damos tantas gargalhadas juntos que mais parecemos...

...*dois grandes* **amigos.**

Como todo bom amigo, você nunca deixa que eu desista dos meus

sonhos,

mesmo sabendo que tenho vários.

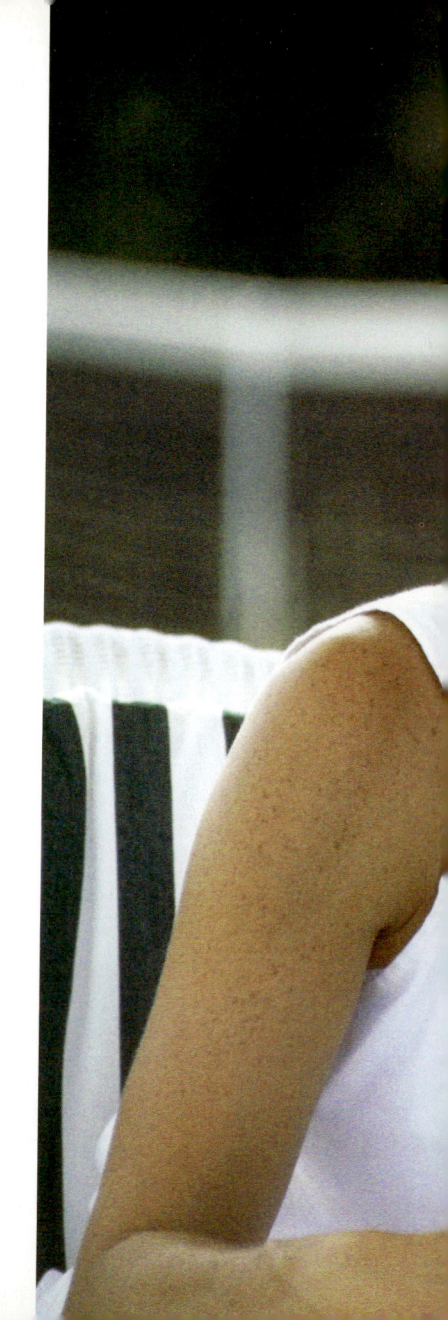

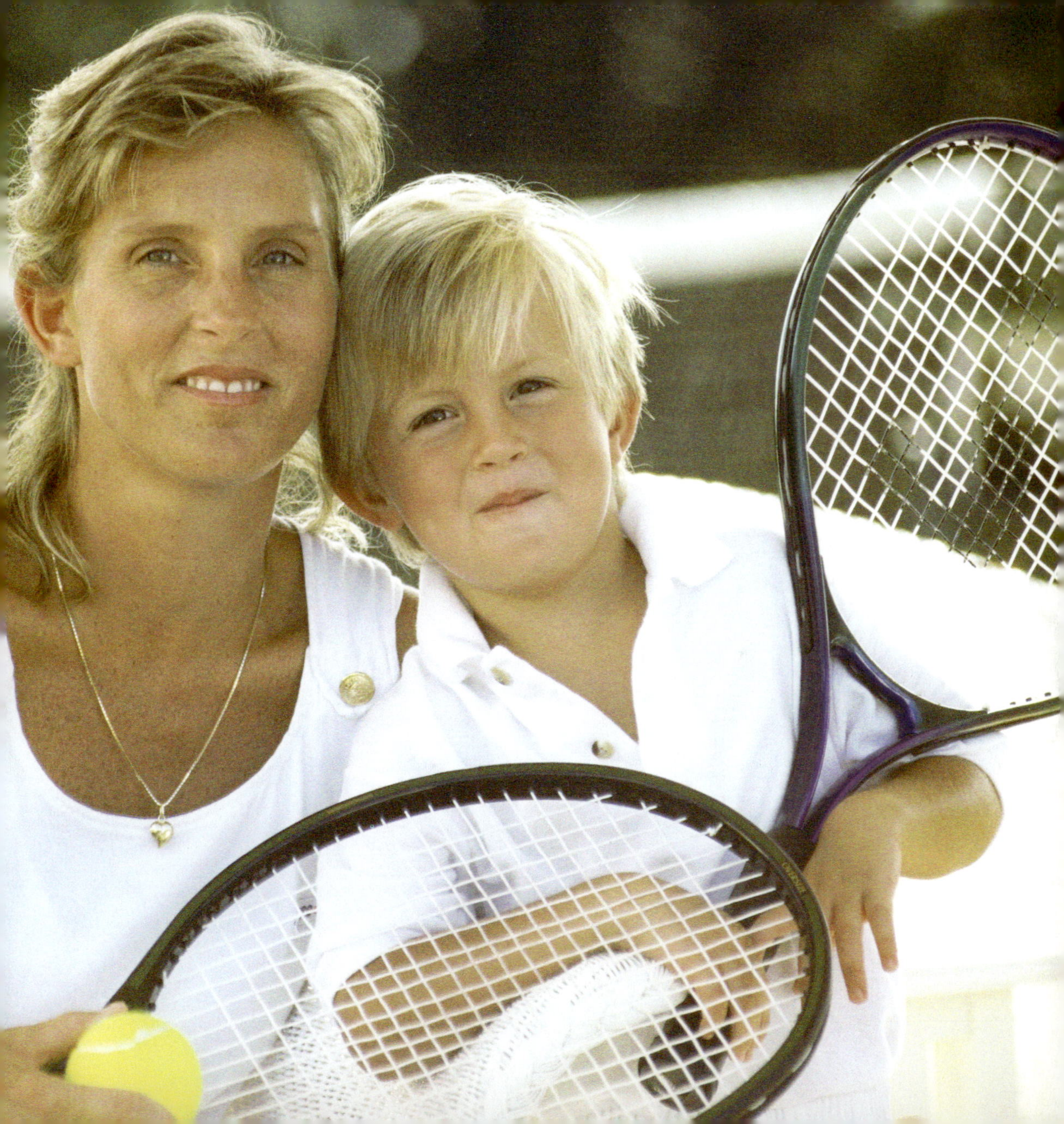

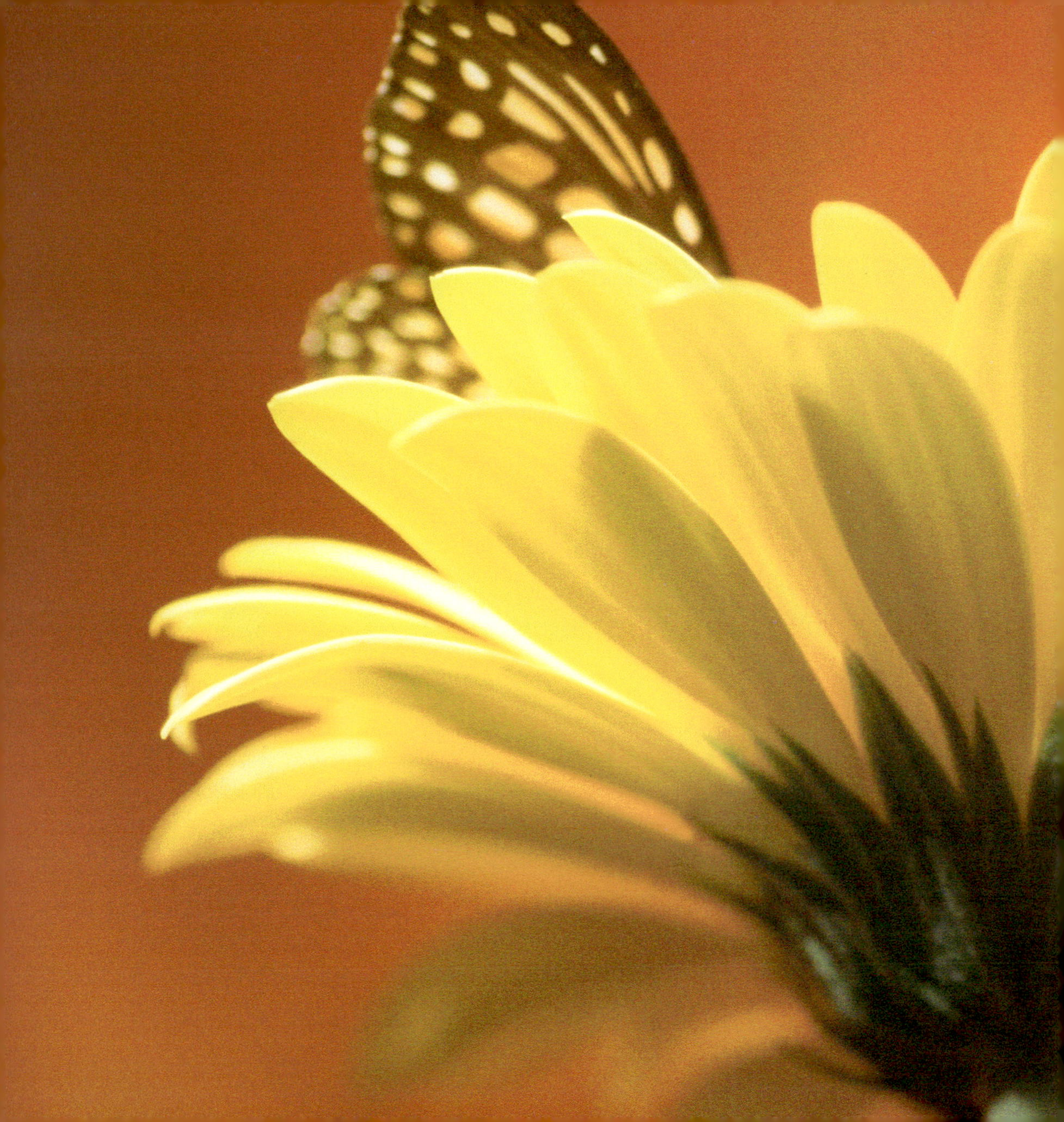

Quando as coisas não vão bem, ninguém melhor que você para

resgatar meu ânimo,

não importa onde eu o tenha perdido.

E quando tudo vai bem,
você é a primeira a

orgulhar-se

das minhas vitórias.

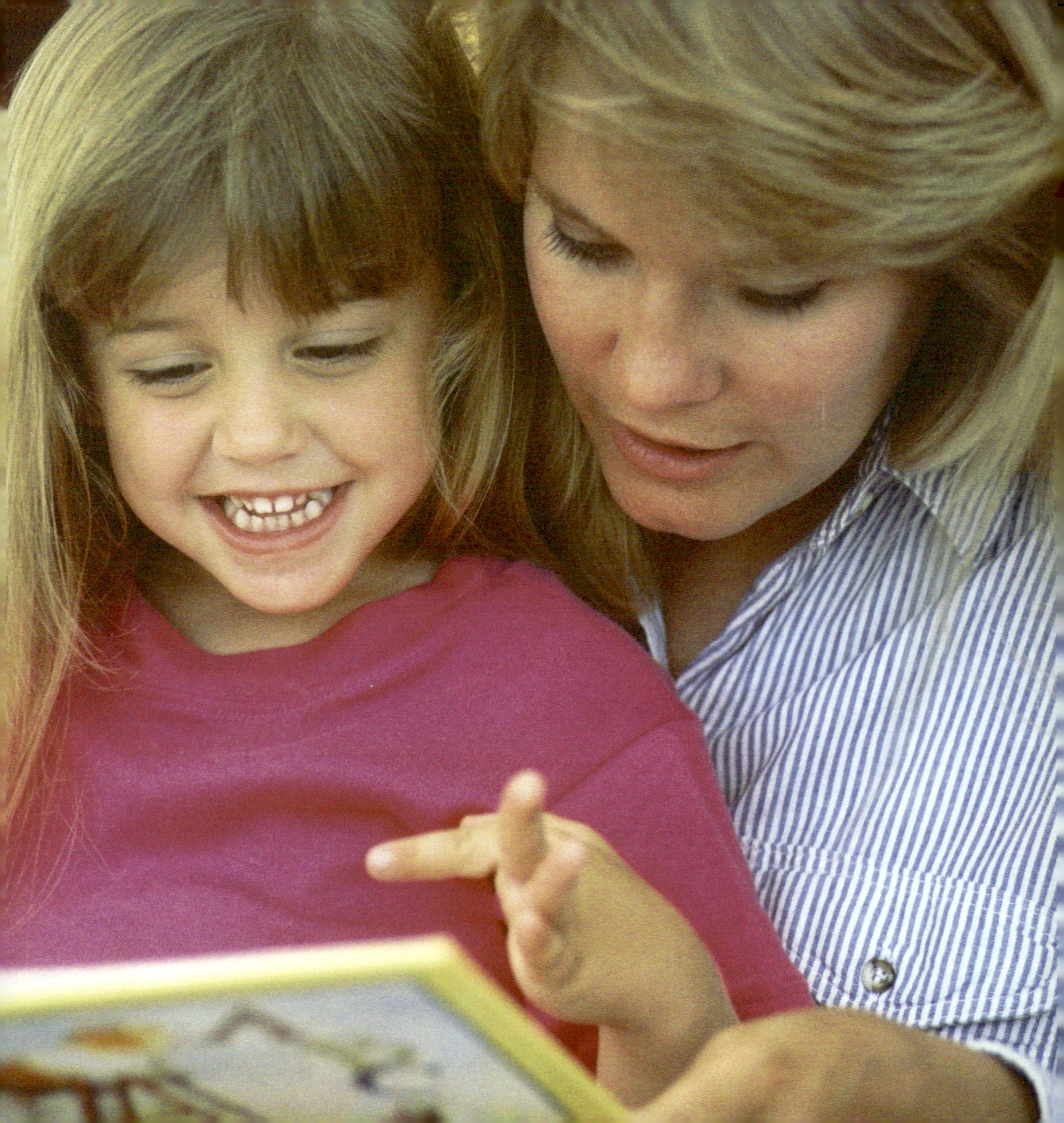

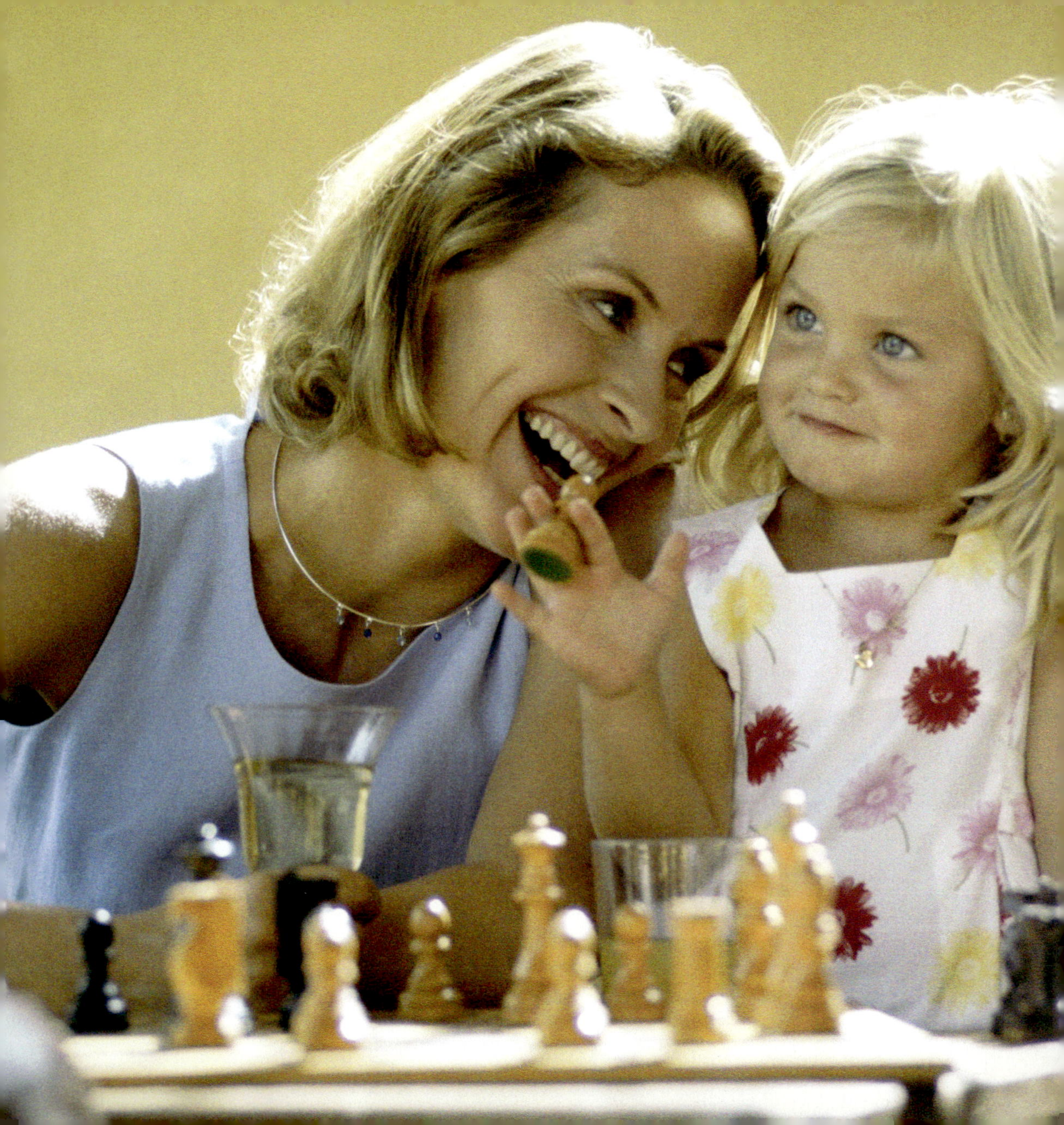

Tê-la por perto

alegra

minha vida!

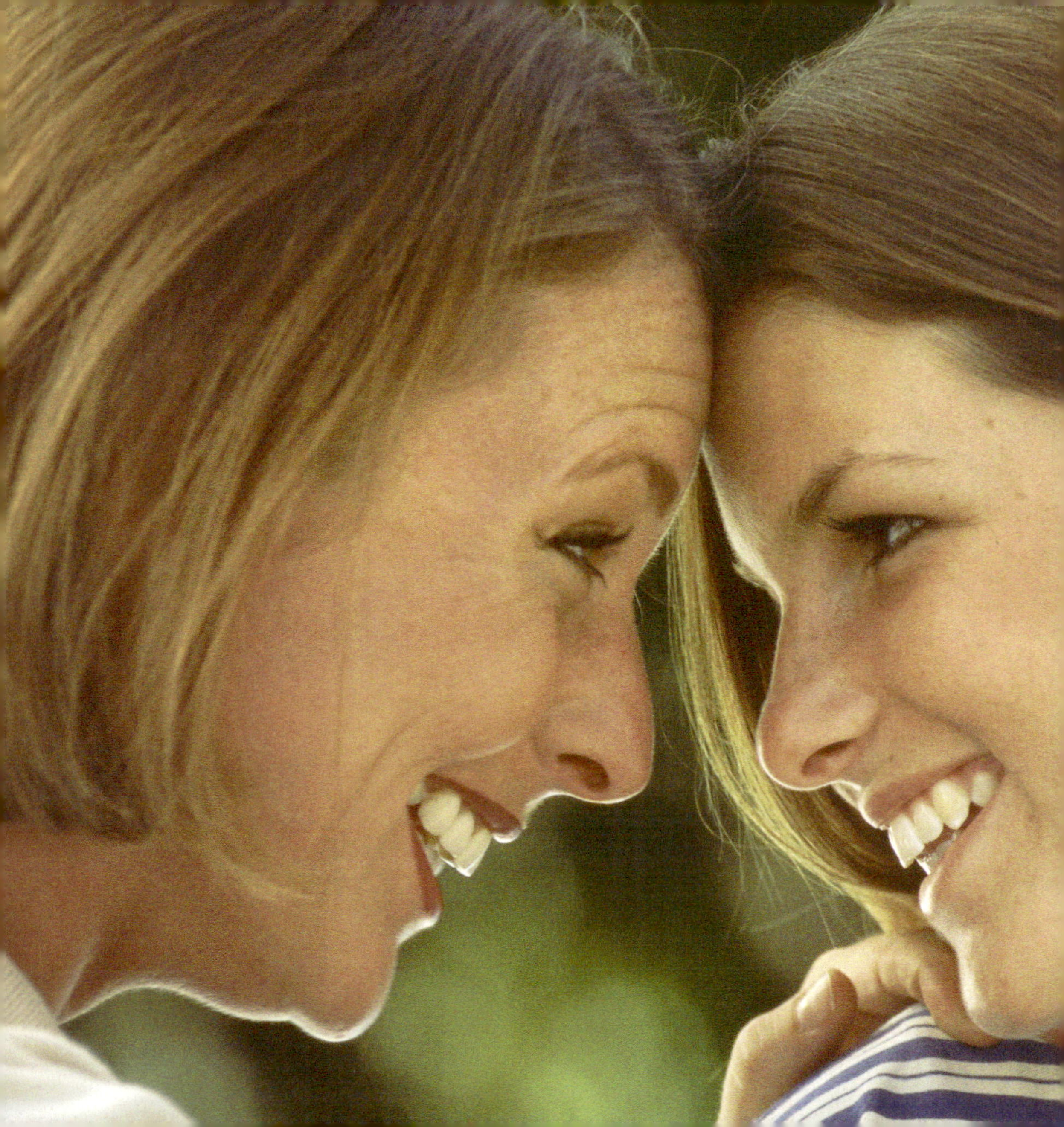

Como você é capaz de me **entender!**

E cuida para que
eu sempre

me sinta bem

comigo mesmo.

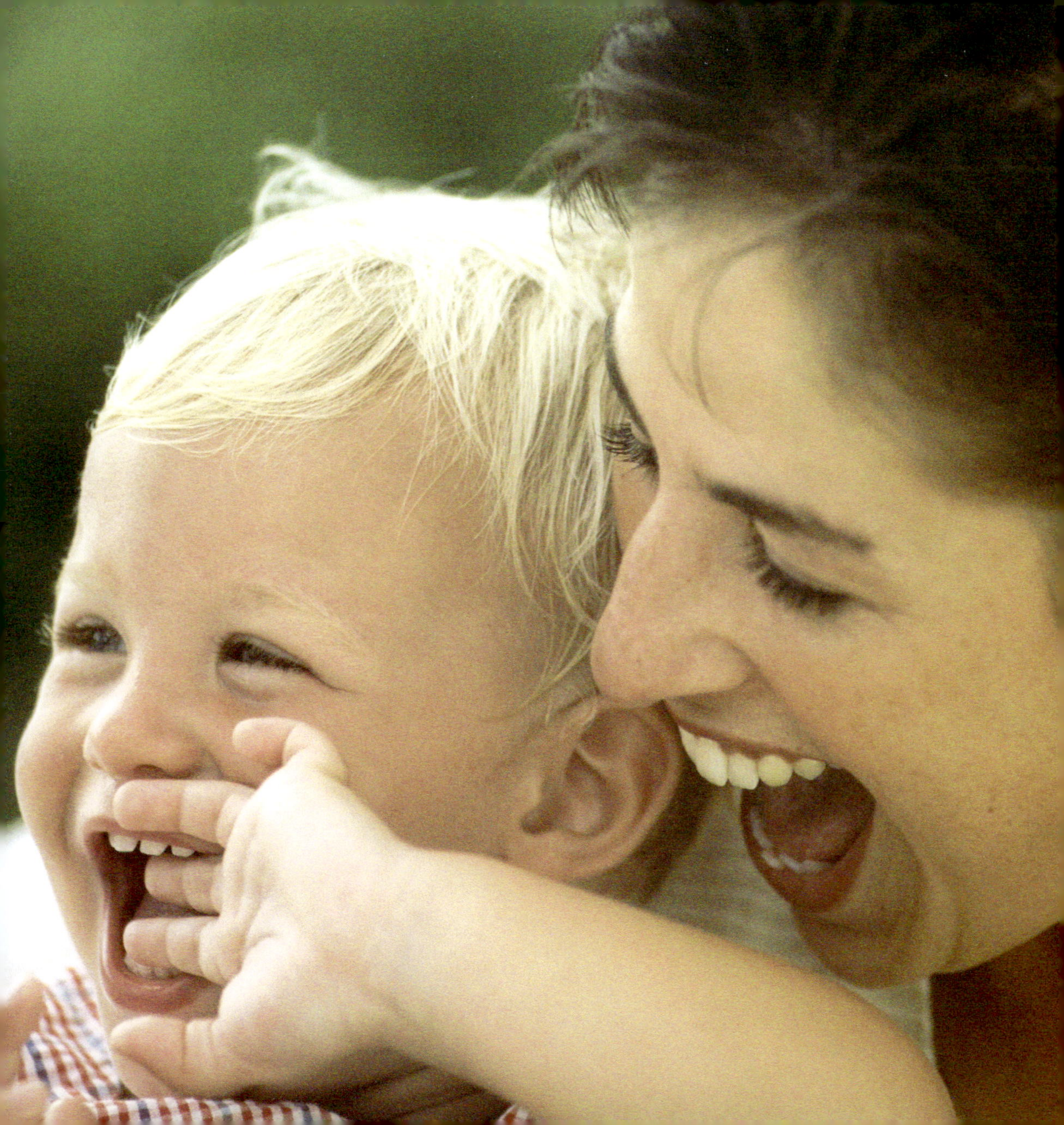

Foi com você que aprendi que manter o otimismo é o mais importante, aonde quer que a vida me leve.

Assim, tudo ficará
melhor.

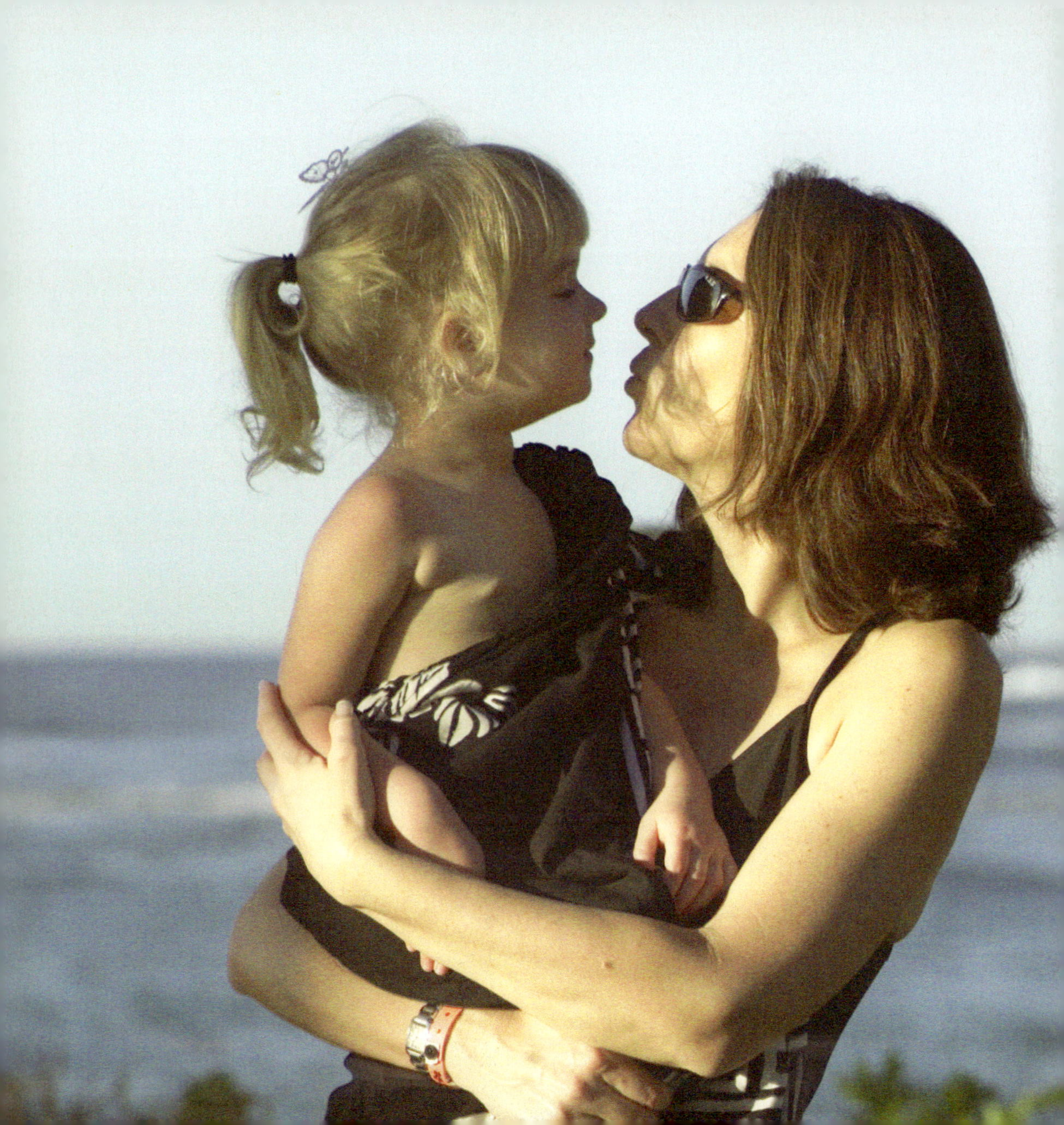

Sua intuição tem a receita certa:

firmeza combinada com muitos abraços, um punhado de beijos e uma boa dose de

carinho.

E em meus momentos de rebeldia e resistência, quanto esforço você faz para me entender!

...só você, mãe, para ser capaz de **amar assim!**

*Na família,
dos pequenos aos grandes,
seu amor é divido de maneira*

igual.

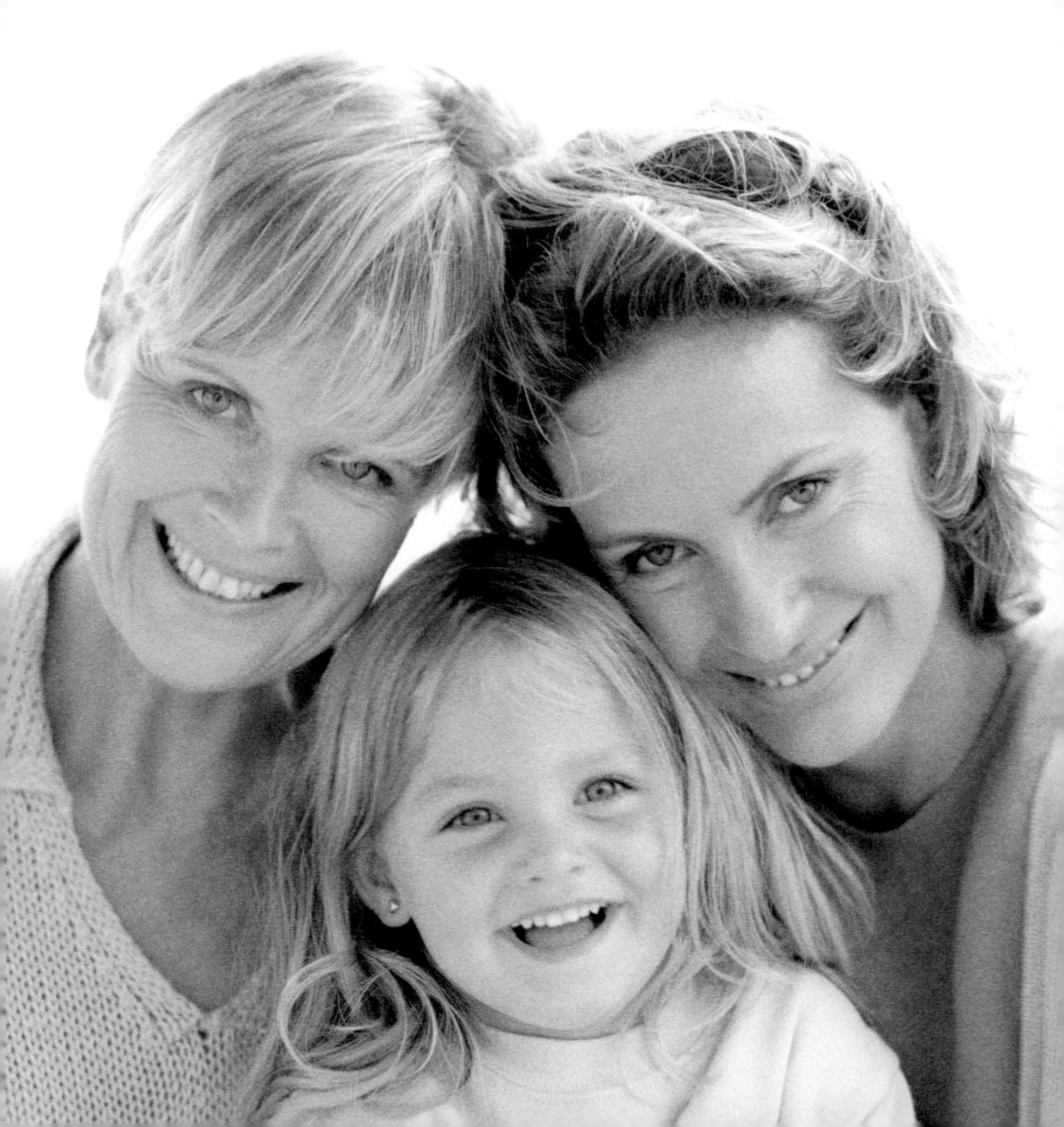

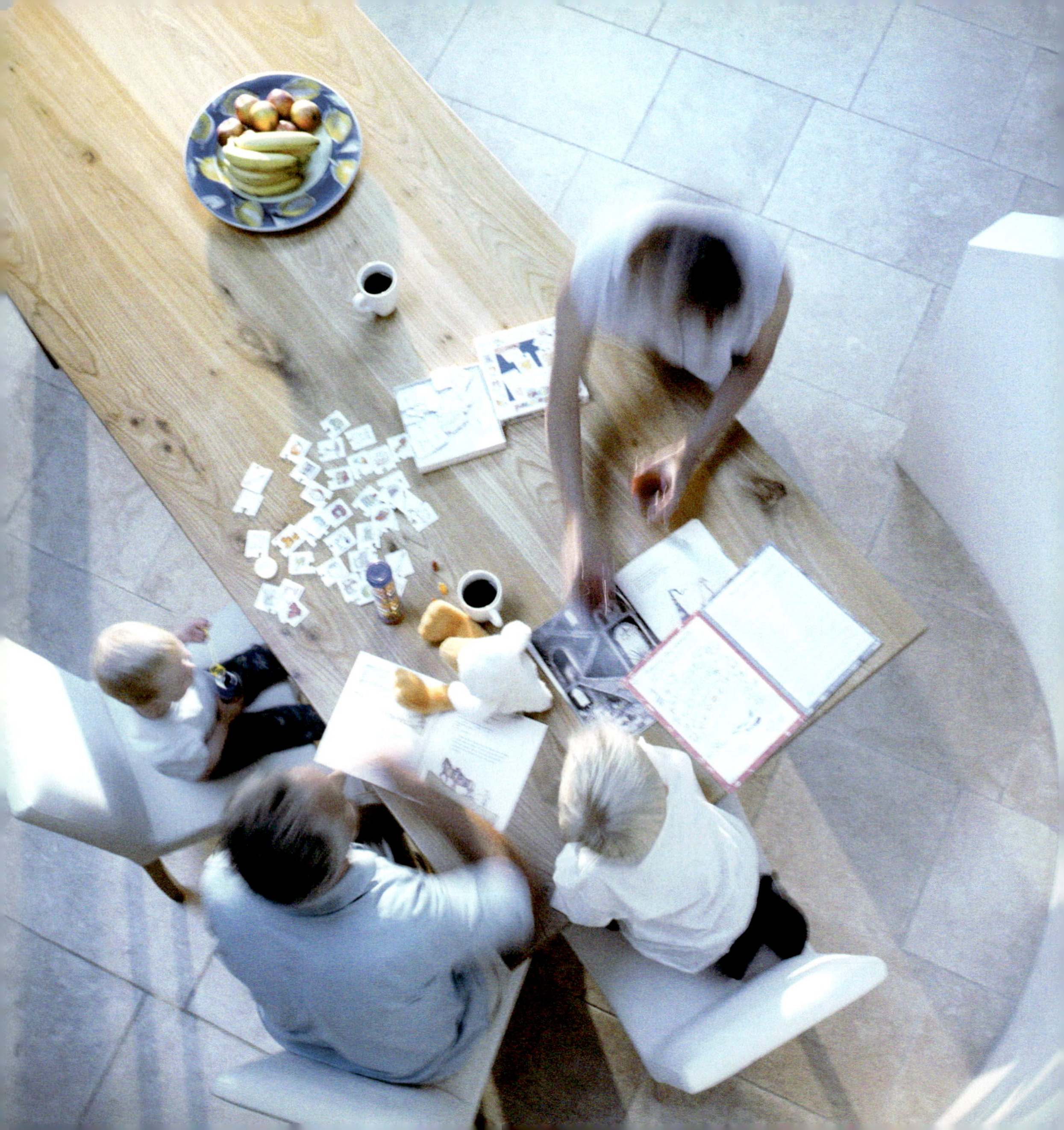

*Mas apesar de facilmente
assumir sozinha o*

cuidado

de tudo e de todos...

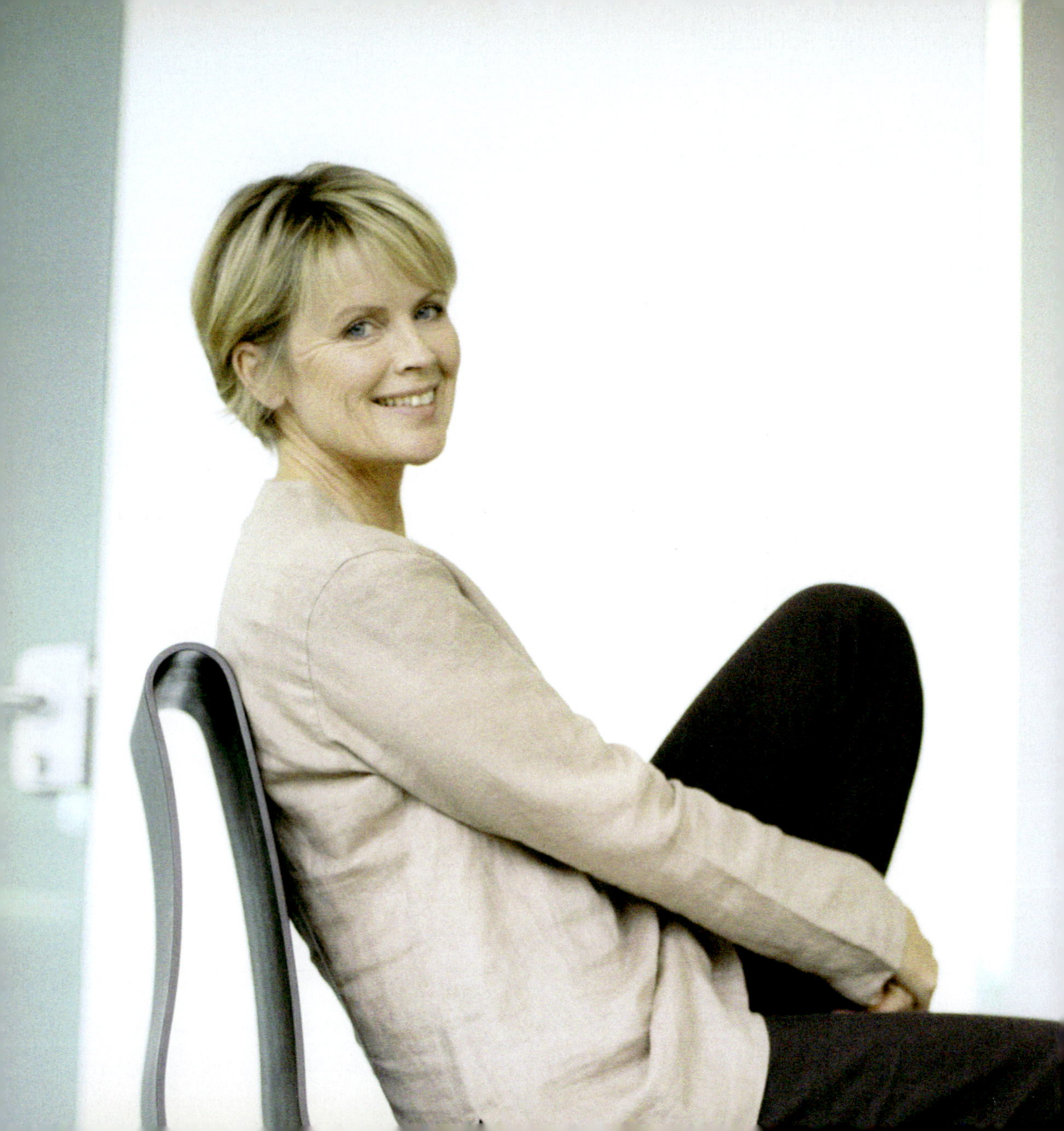

...peço para não se esquecer de cuidar de

si mesma.

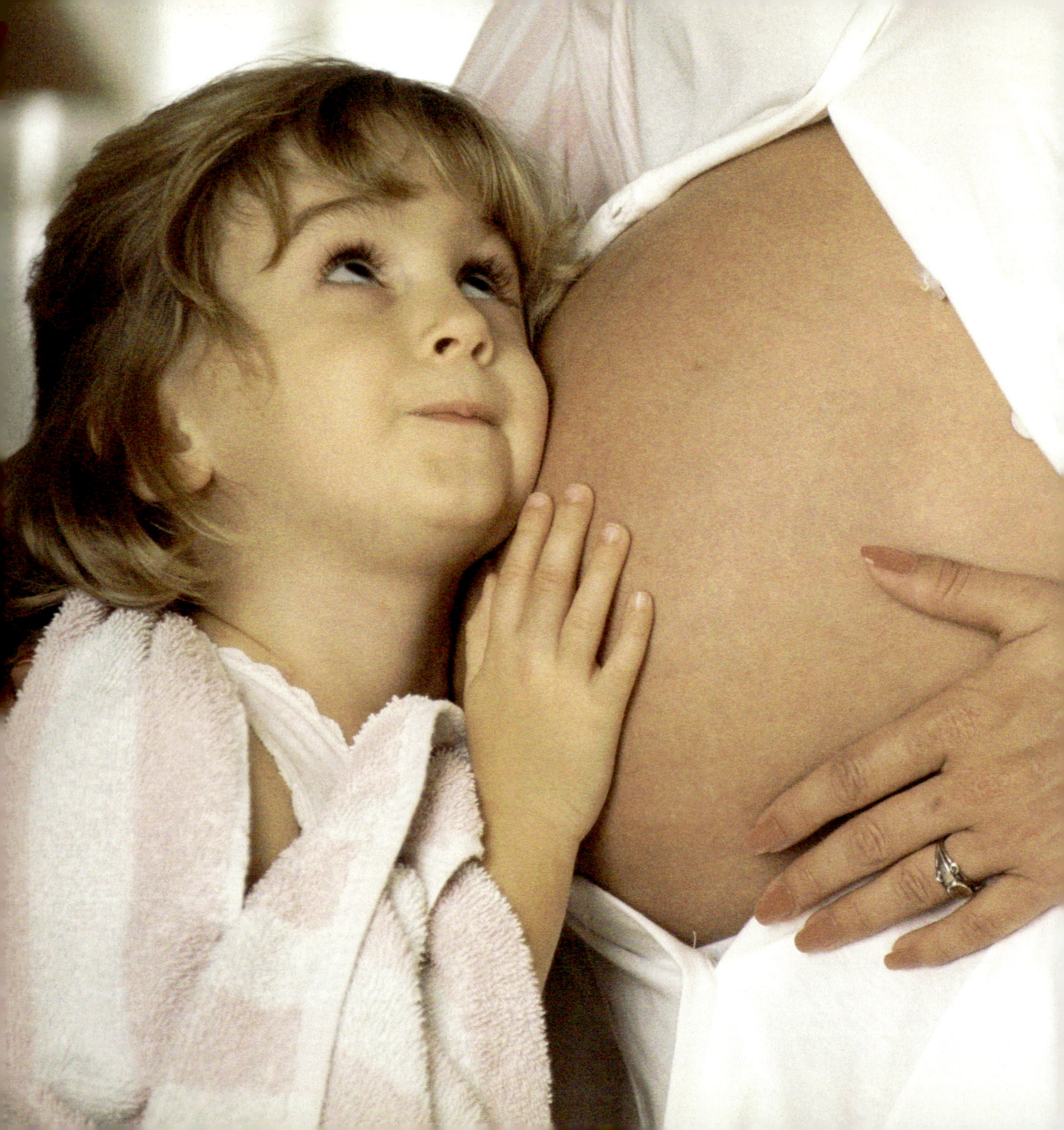

Não sei como você sabe viver

tantos momentos

ao mesmo tempo!

Essa sua

coragem

me faz ser mais destemido.

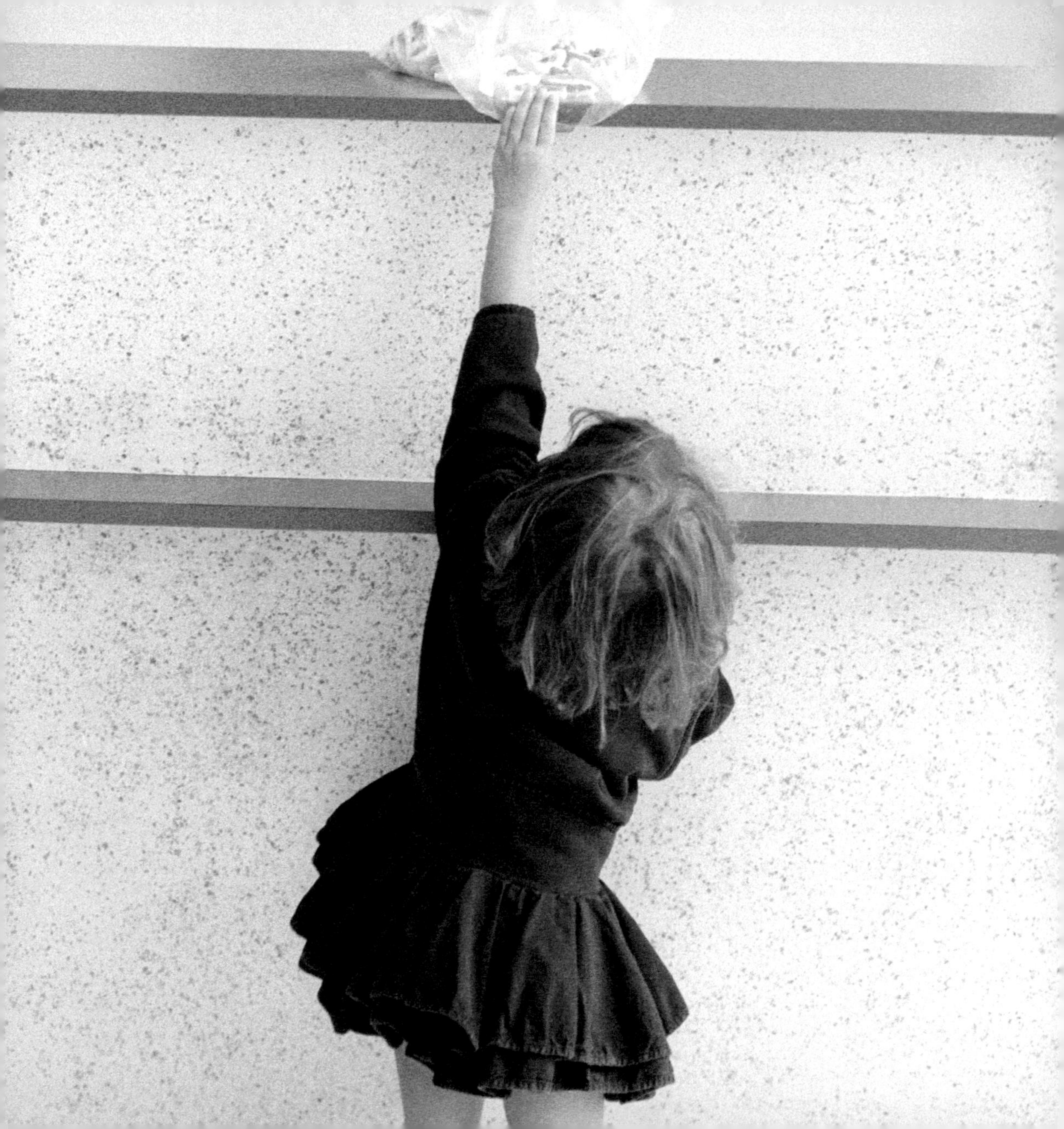

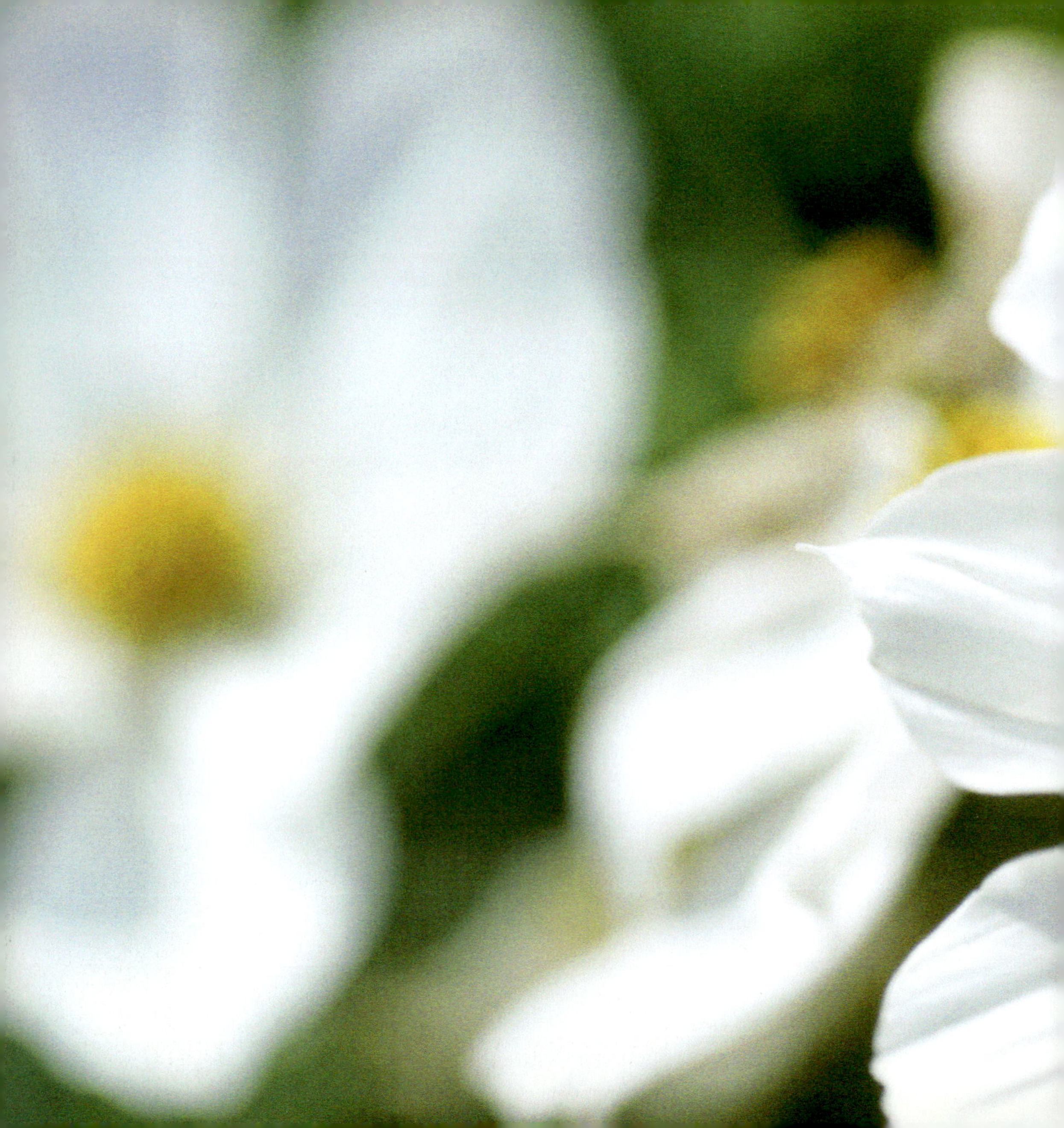

Sua espada é a oração.

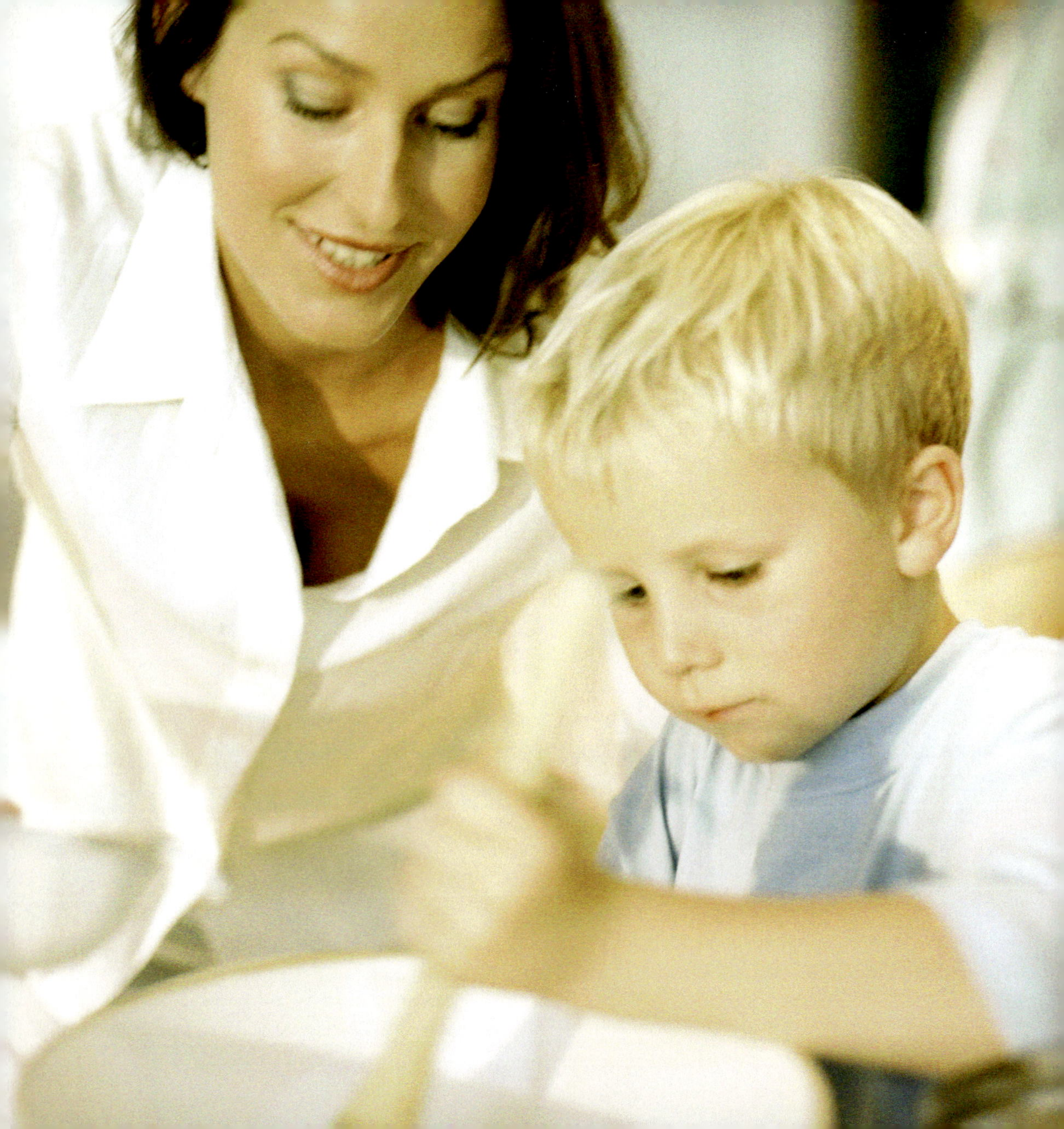

E seu amor é o mais cuidadoso, verdadeiro e **paciente.**

Mãe,
você é essencial!

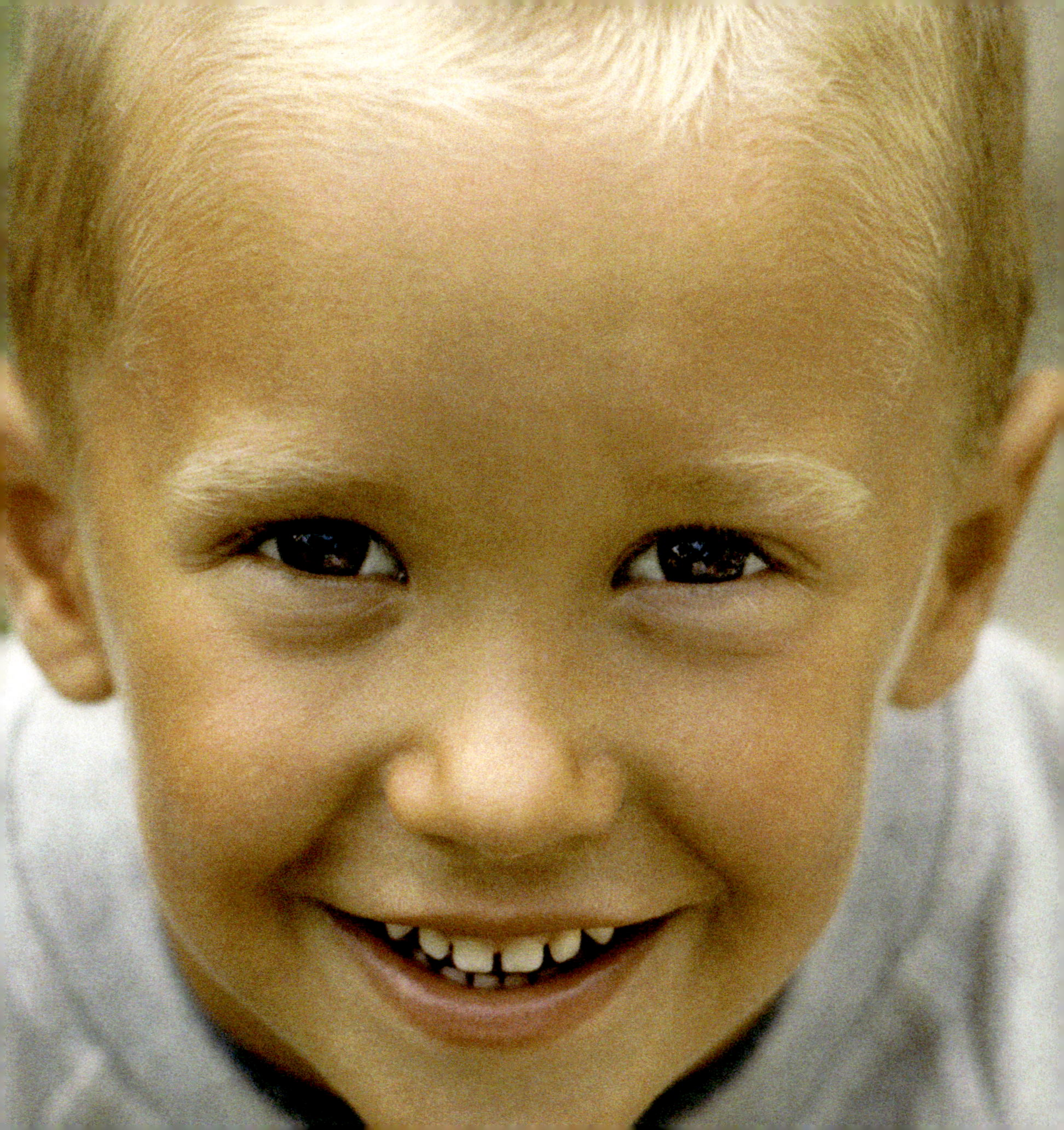

Conheça também outros livros da **Fundamento**

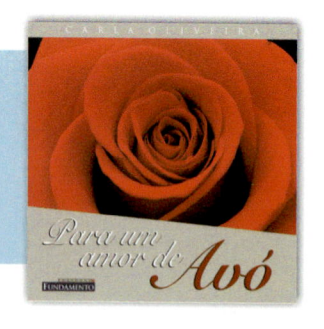

PARA UM AMOR DE AVÓ

Carla Oliveira
Uma mensagem de amor para um amor de avó.

VOCÊ É MUITO IMPORTANTE

Carla Oliveira
Um livro para alegrar a si mesmo e a quem é importante para você. viver pode não ser tão simples mas, com bom humor, você descobre que a vida é o nosso maior presente.

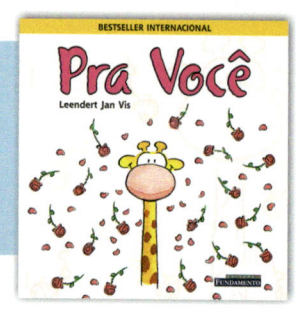

PRA VOCÊ

Leendert Jan Vis
Um bestseller internacional que traz uma mensagem cativante para emocionar e conquistar você.
Pra você, um presente repleto de ilustrações que dá o seu recado de uma maneira divertida e envolvente.

VOCÊ É DIFERENTE
UM GUIA PARA ENFRENTAR PEQUENOS DESAFIOS

Jane Seabrok
Aprenda com a lógica dos bichos a enfrentar os pequenos desafios da vida.

VOCÊ É DEMAIS QUANDO...

Carla Oliveira e Alexandre Bocci
Uma alegre seleção de situação românticas para encantar pessoas especiais.

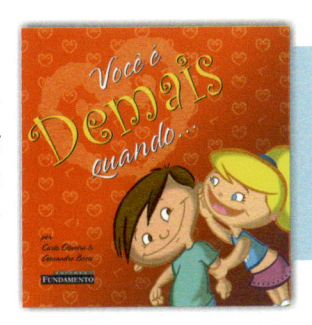

VOCÊ NUNCA ESTÁ SÓ

Antoinette Sampson
Uma notável combinação de palavras e fotos que pretende criar um sentimento especial. Um sutil lembrete de que, sejam quais forem as circunstâncias, você nunca está só.

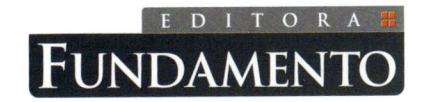

EDITORA FUNDAMENTO

www.editorafundamento.com.br
Atendimento: (41) 3015.9700

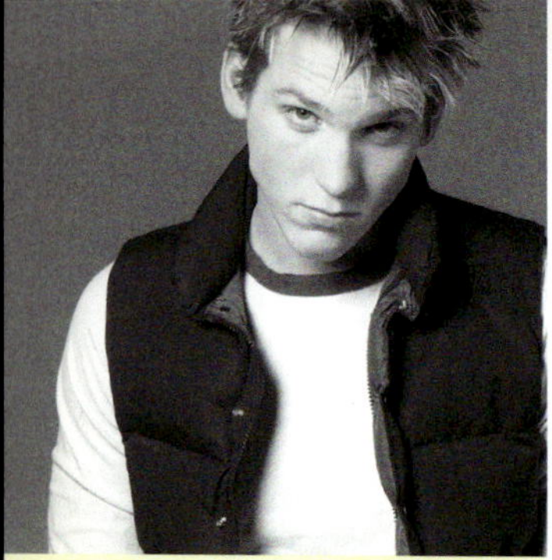

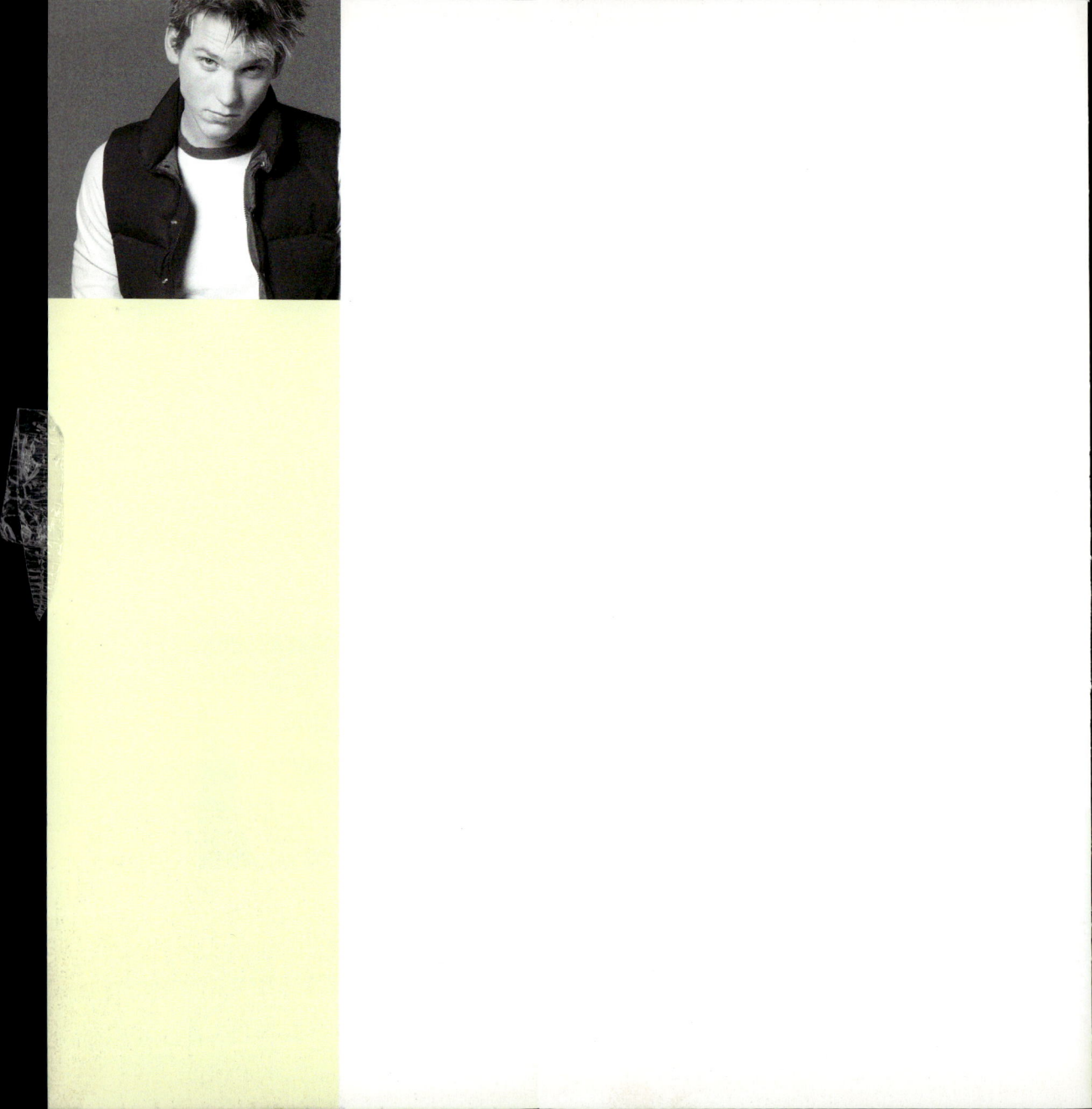

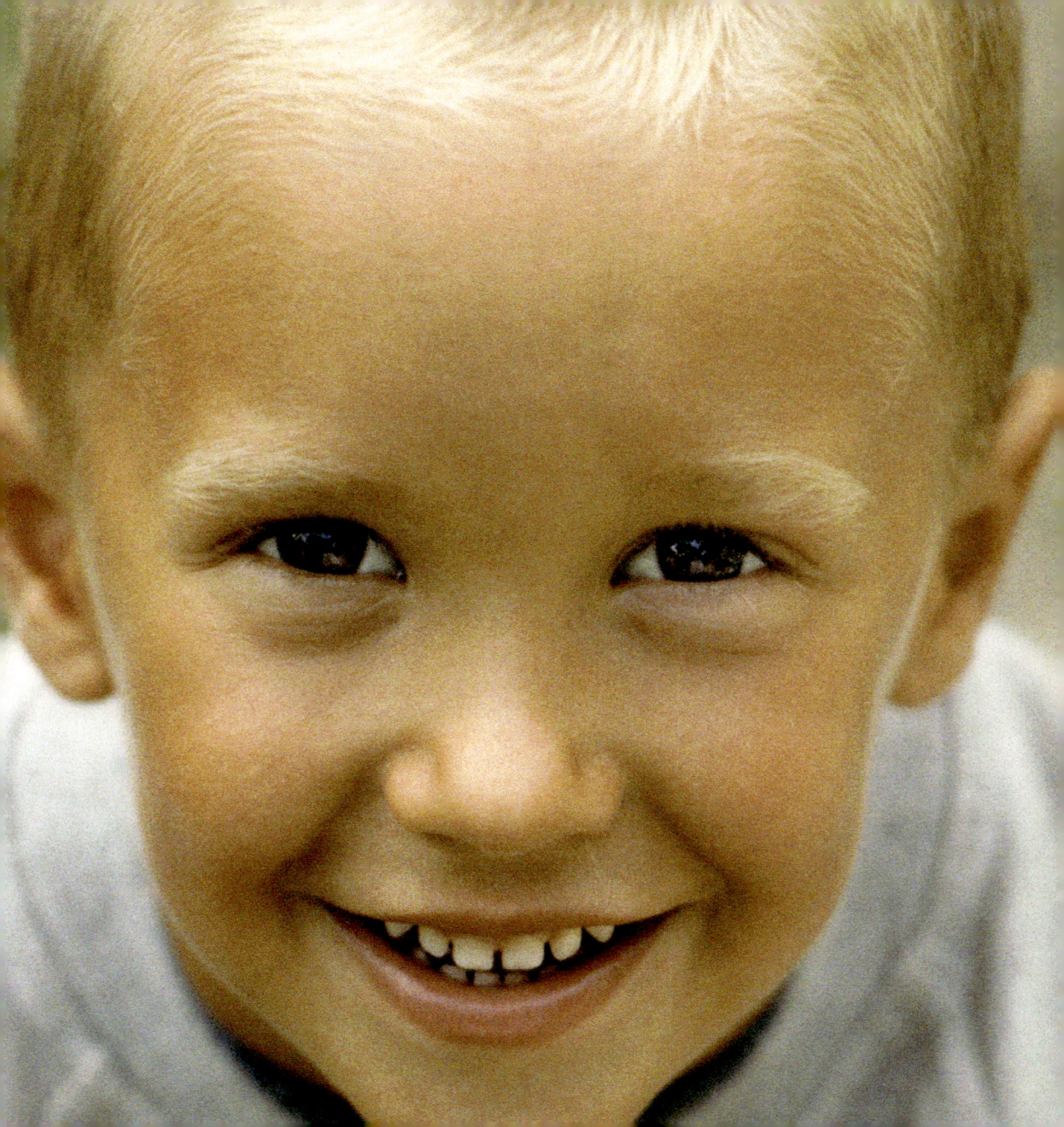

Conheça também outros livros da **Fundamento**

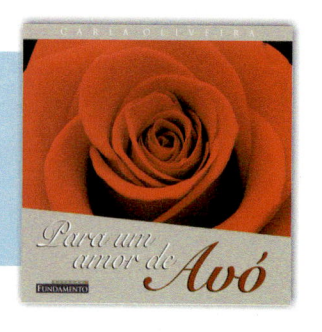

PARA UM AMOR DE AVÓ

Carla Oliveira
Uma mensagem de amor para um amor de avó.

VOCÊ É MUITO IMPORTANTE

Carla Oliveira
Um livro para alegrar a si mesmo e a quem é importante para você. viver pode não ser tão simples mas, com bom humor, você descobre que a vida é o nosso maior presente.

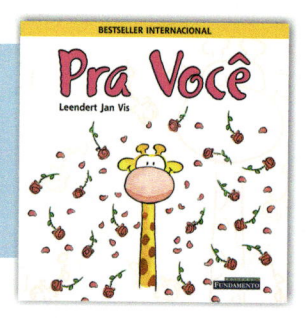

PRA VOCÊ

Leendert Jan Vis
Um bestseller internacional que traz uma mensagem cativante para emocionar e conquistar você.
Pra você, um presente repleto de ilustrações que dá o seu recado de uma maneira divertida e envolvente.